Is i mBéal Feirste i 1965 a rugadh Pól Ó Muirí. Tógadh agus oileadh sa chathair é. Bhain sé céim B.A. (Hons) agus Ph.D amach ó Ollscoil na Ríona, Béal Feirste. Is é eagarthóir Gaeilge an *Irish Times* é.

Leis an údar céanna

Filíocht
Faoi Scáil na Ríona
Dinnseanchas
Ginealach Ultach
Ábhar Filíochta
D-Day

Prós
Siosafas—gearrscéalta
A Flight From Shadow:
The Life and Work of Seosamh Mac Grianna

IS MISE ÍSMEÁÉL

IS MISE ÍSMEÁÉL

PÓL Ó MUIRÍ

LAGAN PRESS
BÉAL FEIRSTE
2000

Arna fhoilsiú ag
Lagan press
7 Lower Crescent
Belfast BT7 1NR

ARTS
COUNCIL
of Northern Ireland

ISBN: 1 873687 72 9
Údar: Ó Muirí, Pól
Teideal: Is Mise Ísmeáél
Formáid: Bogchlúdach
2000

Dearadh: Cushnahan Design Services
Arna Chlóbhualadh ag Noel Murphy Printing, Belfast

do Mary

CONTENTS

Geineasas	13
Ailtire	14
Loch	15
Caochán	16
An Lon Dubh	17
Cuairteoirí	18
Balaclava	19
Ceolchoirm is Criticeoir	20
Muscaedóirí	21
Don Quixote	22
Fáidh Bréige	23
Iarúsailéim	24
Baisteadh	25
Is Mise Ísmeáél	26
Armagadan	36
Sos Cogaidh Briste	37
Sos Cogaidh Príobháideach	38
Sos Cogaidh	39
Cabhánach	46
Cúrsaí Páipéir agus Dúigh	47
Trioc	48
Prúna	51
Fadlíne	52
An Duine Taobh Istigh	53
Miongháire	54
Carrfholcadh	55
Ortha	56
Faoi Scian	57
Solas Oíche	58

GEINEASAS

Seo an tús
An chéad cheacht
Cruthú caoin:

Lán gealaí thoir
Véineas thiar
Ard Mhacha thíos.

AILTIRE
do mo dheartháir, Caoimhín

Bhí mé ag smaointeamh ort, a Chaoimhín,
A dheartháir, bhí mé ag smaointeamh
Gur chuí an cur síos d'ainm ar do ghairm
Ailtireachta; gurbh fháidhiúil an nasc
Idir 'Caoimh' agus 'Gin' agus tú ag meas
Le do shúile cinn féidearachtaí na fairsinge,
Ag saolú foirgnimh an lae amáraigh
Ar thalamh bán na samhlaíochta lasta.
Bhí mé ag smaointeamh ar an lá ar fhiafraigh tú:
'Cá mhéad dán atá i gcnuasach?'
An cuimhin leat an freagra glic:
'Cá mhéad bríc atá i dteach?'

LOCH

Bolg Loch nEathach ata leis an doineann:
Grian an gheimhridh féin, tá sí báite i liath
Tláith na spéire siocdhóite trína sileann
Solas fann an lae go fadálach nimhneach.
Tá na Speiríní ina luí thiar thuaidh
Agus briseann toirneach is tintreach
Gan dochar ar bheanna is ar shleasa.

CAOCHÁN
do Alan Titley

Ní fheictear é; ní chluintear é
Ach bíonn sé ann de ló is d'oíche
Thíos san ithir dhorcha, a chrúba
Ag sluaisteáil go dian dícheallach,
Ag sluaisteáil gan stad gan staonadh,
Ag dornáil úir dhubh siar thar a smut
Ag treabhadh prochlóg agus tollán
Ag tógáil ríocht rúnda dofheicthe
I mbolg thais an domhain cheilte
Agus cé nach líonfadh a cholainn
Choimir bos do láimhe lena toirt
Bogann mianadóir an dorchadais
Sléibhte arda agus mánna leithne
Ag tochailt, ag tochailt, ag tochailt.

[16]

AN LON DUBH

Ag iascaireacht lena shlat bhuí
I bhfarraigí ciúine garraí.
Le canbhás a rubaill, seolann
An bádóir dubh fríd thonnaí féir;
Sonar cruinn a chluas ag déanamh
Feasa ar phéisteanna na doimhneachta.
Tumann sé a ghob faoi chraiceann donn
Aigéin ghlais agus tig aníos as úir thais,
A rinn ata le hochtapais is siorcanna.

CUAIRTEOIRÍ

Fágaim cnónna ag bun an ghairdín
Agus tig cuairteoirí chun proinne:
An rí rua, an gealbhan, an ghlasóg
Agus, mo rogha féin, an lon dubh,
A ghob dúbhuí ar bháine an tsneachta.

BALACLAVA

An snag breac faoi chlogad
Dubh, balaclava an mharfóra:
Chonaic mé faoi cheilt san fhál é
Ag ithe scallamáin an chorcán coille;
An splíonaí ag cur an cheoltóra ina thost.

CEOLCHOIRM IS CRITICEOIR

San fhál, ardaíonn an smólach
A ghlór i dtreo na bhflaitheas;
Cuidíonn an spideog leis an phort.

Sciorrann gealbhan thar claí,
Spioróg sa tóir air agus cacann
An druid leis.

MUSCAEDÓIRÍ
do Damian agus Pat

Más sibh an bheirt Mhuscaedóirí
(Agus tá a fhios agam cé agaibh Porthos)
Caithfidh gur mise D'Artagnon, an Gascúnach
Mear, tagtha go Páras le clú a bhaint amach
Le lúth mo phinn. Chuala mé fá na cathanna
A throid sibh go toilteanach i seirbhís
Na mionuaisle—Tomelty, Carnduff, Greacen—
Na seanuaisle maorga le sparáin bheaga
Ach, mon Dieu, la gloire!

Rinne sibh rogha den tseang thar an sách,
An t-ionraiceas thar an ardú céime,
Agus tá na cneácha agaibh le léiriú
Gur slaisirí sibh a chuaigh a phionsóireacht
Gach aon fhaill a fuair sibh;
Méar mar lann san aer:
'Fan go n-inseoidh mé seo duit,'
Buille den chlaíomh, béal le béal,
Sin bhur ndóigh.

Ní mar sin a oibríonn bhur naimhde,
Richelieu ramhar agus a shraoilleanna,
Údair litreacha gan ainm, spiadóirí,
Striapacha don cheannaí is saoire.
Is fearr leo miotóg sa droim, nimh san fhíon,
An cac sa tobar, bealtaí an dúnmharfóra
Shlítheánta. D'éirigh siad lofa péisteach ar chumhacht
Na huasaicme, uabhar an élite, ach tá na sans culottes
Ar na gaobhair agus caint ar Madame Guillotine.

DON QUIXOTE

Is mise Don Quixote d'Achadh Gallán.
Seo chugam mo sheanchlibín cróga,
An Ghaeilge, ar fada uaithi anois
Laetha a hóige agus a glóire.

Lá den tsaol, fadó fadó, d'iompair
Sí laochra ní b'fhearr ná mise.
Tá a droim ag osnaíl faoi ualach
M'aineolais agus m'éirí in airde.

Á, nach cuma? Tá mé íon i gcroí.
Tá muilte gaoithe ar na Rossaibh:
Triallaimis siar uair amháin eile;
An peann luaidhe mar lansa lag

An foclóir mar chathéide chaite.

FÁIDH BRÉIGE

I

Torc óir a bhronn scríbhneoirí ceannaithe an Stáit
Ort as ucht do shaothair mar ealaíontóir.
Ceist agam ort. Nach bhfuil eagla ort gur as táthin
Na nGiúdach marbh atá sé déanta, go dtiocfaidh an oíche
Dhubh nuair a thachtfaidh óir na marbh thú?

II

Samhail eile a ritheann liom:
Tú i do bhuncaer i mBeirlín
Ag craoladh leat ar son Hitler
Agus file onórach, Mac Gill Eain,
San Afraic Thuaidh ag troid i bhur n-éadan.
A fhad is a bhí tú ag suimiú caifé Unter den Linden
Bhí an Sahára ag ól a chuid fola go fonnmhar.

III

Dála an scéil, cén sórt 'boss' a bhí i nGoebbels?
Ar thuig sé duit má bhí tú mall do do sheal;
Ar thuig sé gurbh fhile aerach thú;
Go raibh tú rialacha teolaí de do chuid féin
Agat?

[23]

IARÚSAILÉIM

Ba é New Barnsley a nIarúsailéim,
A dtír bainne is meala ina slaoda.
Thit teach úr leo de bharr
An tsloinne Albanaigh, Murray.
Ach ba Chonallach an t-athair
Agus, ina óige, ghoid sé slataí
De theampall le díon a chur ar shéipéal.

Níor thuig sé in am ar bith teorainneacha
Nimhneacha na cathrach; an dol a chuirfeá
Ar do mhuineál féin ach casadh soir in áit siar.
Ach bhí an mháthair eolach go leor
Le súil ghéar a choinneáil ar na mic.
Thuig sise go raibh Cain beo
Ar an taobh thall den tsráid.

BAISTEADH

D'impigh sé orthu seacht n-uaire
A bheo a ligean leis ach toisc gur chladhairí iad
Toisc go raibh siad triúr ann agus eisean leis féin
Shéan siad a achainí agus thug siad a bhás le clocha
Easonóracha.

Nuair a thost sé sa deireadh, thochail siad poll ailseach
Inar chaith siad an corp ach chaith an talamh an greim
Lofa amach as a bhéal spuaiceach. Seacht n-uaire a chaith
Siad isteach é go dtí gur ghéill an úir thraochta dá sluasaidí loma
Agus shlog sí siar an tabhartas bréan nach bhfásfadh go deo

Ach a lobhfadh go ciúin tostach. Thug siad Béal Feirste ar an áit.

IS MISE ÍSMEÁÉL

Is mise Ísmeáél, an mac nach mac,
Díbeartha i bhfásach Lár Uladh.
Dóbair go bhfuair mise
Agus mo mháthair bás den tart.
Aingeal Dé a chuir cogar ina cluais;
A rinne eolas an bhealaigh chun tobair.

Deirtear go mbím ag spairn le mo bhráithre,
Gur drochdhuine míocaiseach mé.
Cá hiontas sin? Dhíbir m'athair chun báis mé
Agus labhrann mo mháthair le haingle Dé.

Is mise Ísmeáél, Aonarán
Iarradh orm teacht ar ais ón fhásach
Agus cónaí a dhéanamh i measc
'Mo phobail féin.' Ní bheadh le géilleadh
Ach go ndéanfainn mar a dhéantar
Go ndéarfainn mar a deirtear.
D'fhreagair mé: 'B'fhearr liom cuideachta
An ghainimh ná comhluadar na nGael.'

Is mise Ísmeáél, éan corr.
Ar sciorr mise den ealta
Nó ar sciorr an ealta díom?
Níl mé cinnte.

Is mise Ísmeáél, duine cointinneach:
Ní ghéilleann cathair ná treibh dom;
Níl pálás ar bith agam;
B'fhearr liom fairsinge an fhásaigh
Ná ballaí daingne.
Bogaim fríd an ghaineamhlach
Ar mo shuaimhneas.

Seachnaím na cathracha atá lofa
Le spiairí agus leathchairde
Cé gur i gcathair a oileadh mé.
Bíonn laetha ann agus mé ar an uaigneas
Nuair a chluinim glórtha meallacacha
Mo bhaile dúchais ar fheothan anoir.
Ar na laetha sin, tig cumha orm.

Ísmeáél, bíodh dóchas agat.
Murab den phobal tofa thú, is de phobal fiúntach thú.
Fág i do dhiaidh faltanas do naimhde; fág i do dhiaidh
An t-athair nár ghráigh thú, na bráithre a loic ort.
Cuir tús ar shaol úr: déan tearmann den fhásach;
Cuach chugat na dumhacha; cuir eolas ar na hósaisí;
Muirnigh an gaineamh agus cuimhnigh go mbeidh
Trácht do naimhde i gcónaí faoi raon do shúl.

Is mise Ísmeáél, rógaire reatha,
Ar mo theitheadh in Ard Mhacha Theas.

Caithim an lá go suaimhneach faoi bhun fáil;
an caonach mar bhrat is mar bhraillín agam.

Caithim an oíche i gcuideachta an dorchadais,
An madadh rua mar chomrádaí agam

An broc mar threoraí, an t-ullchabhán
Mar chomhairleoir. Bogaim liom

Ó mhullach go mullach, ag cuartú
Só do mo mhiotóg shantach in easnacha cama.

Is mise Ísmeáél, ainchreidmheach.
Labhair Dia liom ar Shliabh Mis
Agus d'aithris le béal lán cráifeachta
Scéal Abraháim agus Ísaic dom.
D'fhreagair mise le gnúsacht dhana,
Magadh i mo ghlór, nimh i mo chroí:
'Níorbh aon Ultach Abrahám
Bhí sé rófhadálach i mbun sceana.'

Is mise Ísmeáél, ábhar laoich.
Tá Dia na Cruinne arís mo chrá:
'Fág i do dhiaidh an foréigean.
Smaointigh ar íobairt mo mhic.'
Dúirt mise lena bhéal a ndeir
Daoine eile le cúl A chinn:
'Síolraím ó Chú Uladh,
Chan ó Chríost Ghalailí.'

Is mise Ísmeáél, seilgeoir an mhíl mhóir bháin.
Cuireann cúr na dtonn sceach Thír Eoghain
I gcuimhne dom, an áit ar fhoghlaim mé foighid
An tsnípéara. Fáiscim chugam féin mo mhuirgha
Lúthmhar mar a d'fháisc an Cú chuige an ga bolga.
Is é m'oidhreacht é.

M'athair féin, Bulcán Bhaile an tSléibhe, a ghoid
An t-iarann ó shruth laibhe bheo, a mhúnlaigh
Gléas marfach as luaith is as aibhleoga taodacha.
Ba é a bhí eolach ar ailceimic ailseach an áir.
B'fhearr i bhfad leis cothú lainne faoi choim na hoíche
Ná leadrán na gcrúite capaill, a ghnáthlá trádála.

Is é sleá seo na mara mo phréamh fuar leis an bhaile i gcéin.

Is mise Ísmeáél: súilí;
Tá mo shúile donn,
Chomh donn le clábhar
Fómhair; salaíonn siad
Súnn siad, sáinníonn siad.

Neamhchodlatán:
Tá níos mó i gceist le dorchadas
Ná easpa solais.

Ar an imeall:
Sin an áit is dual don fhile.

Ultach:
Níl caill ar mo chuimhne
Níl tús ar mo mhaithiúnas.

Iriseoir:
Is treise peann ná claíomh
Is duibhe fuil ná dúch.

Athair:
Leanbh ina chliabhán
Fuath ina choscairt.

ARMAGADAN

Arracht ghlórach ar bhóthar
Rothaí rubair ag treabhadh tarra.
Cá bhfuil a dtriall? Londain?
Manchain? Nó an bhfuil Armagadan
Faoi ghlas sa veain bheag Hiace ar gcúl?

SOS COGAIDH BRISTE

Cé go raibh a rúta seargtha le haois
B'Ultach go smior Conchubar go fóill
Is oiliúint dá réir aige ar an fhocal vendetta—
Ainmfhocal firinscneach den chúigiú díochlaonadh.

SOS COGAIDH PRÍOBHÁIDEACH

Le luí na gréine, fógraíonn siad sos cogaidh
Príobháideach; imíonn an teas den lá agus den troid.
Cuachann Cú Chulainn Fer Diad lena ucht fuilteach
Mar dheartháir agus tuislíonn siad le chéile go tine
A chráindónn. Cuartaítear agus aimsítear brosna agus
Le haon anáil amháin séideann na deartháireacha
Go loisceann an mhóin chun deirge arís.
Nítear cneácha; óltar deochanna
Le linn don bheirt sheanfhondúir cuimhneamh
Siar ar fheachtais a n-óige—an oiread sin cathanna
Troidte ag dís chomh hóg leo.

Titeann siad faoi shuan, suaimhneach i gcumann
A gcodlata, go dtí go n-éilíonn an ghrian orthu
Éirí arís mar naimhde agus pilleadh chun troda.
Sa deireadh, gheibh Fer Diad an lámh in uachtar,
Déanann moill fhaiteach roimh an bhuille scoir
Agus saorann Cú Chulainn an gae bolga faoi chroí
Mhór mhaith. Itheann an tsleá putóga te Fher Diad
Go hocrach santach; gearrann sí a chnámh droma agus
Lúbann an laoch faoi ualach easnacha is fola. An bás aige,
Maíonn sé: 'Bhí tú buailte agam.' Arsa Cú Chulainn leis:
'Lá den tsaol, mharaigh mé mo chéad ghin. Ar chreid tú

I ndáiríre go ligfinn leat mo cheann, a chara liom?'

SOS COGAIDH

Tá grianghraf ann díot
A foilsíodh ar an Tele
Thiar i seachtó a haon,
Tú in aois do chúig bliana,

Tú gléasta i mbréagéadaí
Saighdiúra: clogad plaistic
Ar do cheann; raidhfil beag
Adhmaid ag do thaobh

Ball den Argylls
Ar a ghogaidí in aice leat,
Stócach sna déaga malla,
A aghaidh mhí-aibí lán gáire

Lena chomrádaí beag a chuir
Smúit air féin le léiriú gur
Saighdiúir déanta a bhí ann.
Fá scáil na mainistreach

Fá shiosarnach dhuairc na bpaidríní
A tógadh an grianghraf sna laetha sin
Sular réabadh an tóin as an tsaol.
Tá mé ag déanamh anois

Gur ar comhaois
Leis an tsaighdiúir sin
A bhí tú nuair a chuir tú
Éadaí óglaigh ort féin,

Boiler suit is balaclava.
Tá mé ag déanamh
Go raibh tú bliain nó dhó
Níos sine ná é nuair

A fuair siad greim ort
Sa deireadh. Gearradh
Ceithre bliana déag ort,
An tráth ar bhain mise

Deireadh na chéad bhliana amach
Ar Ollscoil na Ríona, Béal Feirste,
Nó Ollscoil Bhéal Feirste
Mar a b'fhearr le do chomrádaithe

Polaitíochta. Ach faoin am sin
Is beag teagmháil a bhí againn
Le trí nó ceithre de bhliantaí.
Ba mhinic a scairt mé ort

Le go bhfuair mé amach go raibh
Tú ar shiúl áit inteacht, le duine
Inteacht agus, dá mbeifeá istigh,
Gur cur ó dhoras a gheobhainn

Ar fáth amháin nó ar fáth eile.
Bhí an t-ádh ort gur ghabh siad thú.
Scaoil siad Sully mar mhadadh
Ar shráideanna Íochtar na bhFál:

Corrán luaidhe, lann chomh géar
Gur beag nár dhícheannaigh fórsa
Na bpiléar é. Deirtear gur fholmhaigh
Siad a raidhfilí isteach ann agus é

Ina luí ar chúlshráid taobh thiar
D'ArdEaglais Naomh Peadar.
Fiche bliain d'aois a bhí sé
Agus is maith is cuimhin liom

An mhír nuachta faoin scaoileadh:
Tuairisceoir ag labhairt liom ón scáileán

Agus bodmhadadh taobh thiar de ag lí
Rian dorcha cuid fola Sully.

Ní holc an margadh, mar sin,
Ceithre bliana déag faoi ghlas
Ag Gallaibh in áit do chorp bheith
Stroicthe i ribíní ag na huaisle Heckler

Agus Koch. Fán am ar ligeadh saor
Thú, bhí cúpla céim agam
Agus mé ag saothrú airgid
Nach dtiocfadh linn a shamhlú

Agus muid ar ár mbealach
Go Bunscoil an Linbh Naofa
Do chruinniú seachtainiúil
Na nGasóg Caitliceach.

Ag dul thar an bhearaic
(Silver City a bhí uirthi)
Shonraigh muid póstaer
I bhfuinneog tí d'fhear

Óg, a aghaidh dúghrom
Agus corcra faoi loit agus
Cneácha. Buaileadh gríosáil
Mar ba cheart air.

'Sa Cheis a rinneadh sin,'
A dúirt tú. 'Na Sasanaigh.'
B'eolaí riamh fá na cúrsaí
Seo thusa ná mise.

Cá hiontas sin
Nó thóg na Sasanaigh
D'athair féin Lúnasa amháin.
Faraor, níor thóg siad de mo

Bhunadh ach beirt uncail.
Rinneadh neamhiontas ar fad
De m'athair féin, rud a bhí
Ina ábhar rúnda náire agam.

Nuair a tháinig d'athair abhaile
Bhí pronntanas beag aige duit—
Plaic bheag adhmaid de charachtair
Walt Disney.

Bhí Mickey Mouse, Donald Duck,
Goofy agus an madadh gan chaint,
Pluto, greanta san adhmad.
Chroch do mháthair sa halla é

Nó bhí pictiúr an Chroí RóNaofa
Sa tseomra suite; Fógra na Poblachta
Sa tseomra cúil. 'M'fhógra pearsanta
Féin,' a deireadh d'athair i gcónaí faoi.

Ag pilleadh abhaile oíche amháin
Las na Sasanaigh soilse na bearaice
Orainn agus sháigh muid ár lámha
Go domhain i bpócaí na gcótaí

Ag ligean orainn féin
Go raibh muid contúirteach
Go raibh muid crua.
Píosa beag aisteoireachta

Ar stáitse Bhaile Andarsain.
Ach, ar ndóigh, i do chás de,
Ní raibh tusa ag aisteoireacht.
Bhí tusa contúirteach crua.

An cuimhin leat
Gur athraíodh dath na mbairéad

Ó dhubh go gorm na Náisiún Aontaithe
Ar eagla go measfadh trúpaí Sasanacha

Gur Shealadaigh muid?
An cuimhin leat?
Ach is dócha go bhfuil do chuimhne
Lán eachtraí eile nach bhfuil chomh

Soineanta. Chuala mé druncaire
Ag maíomh go raibh clú agus cáil
Ort mar ghunnadóir; gur ghnách
Leat béal do ghunna a chur

Faoi ghaosán d'íobartaigh
Sular scaoil tú. Chuala mé
Gur dhá philéar a chuir tú
In ainneoin gurbh eol duit

É bheith marbh leis an
Chéad cheann. Chuala mé
Go leor ráflaí fá do chumas
Gunnadóireachta agus ba le hiontas

A chonaic mé le deireanas thú
I do sheasamh ar jíp RUC
Ag agairt ar scaifte comrádaithe
In ard do chinn: 'Coinnígí siar iad'

Agus smachtíní ag tonnadh síos
Aníos ar chloigne do phobail.
Chonaic mé arís thú
I measc toscaireachta go Stormont.

Bhí carbhat ort nár tháinig
Do do léine bhán.
Bhí do chuid gruaige scáinte.
Carbhat, léine agus tú ag Stormont!

Ní fada uait anois
Teach ar Bhóthar Mhaigh Lón
Ballraíocht den chumann galf
Gin agus Tonic um thráthnóna.

De thaisme a bhuail muid
Le chéile i dteach tábhairne
Ar Bhóthar na bhFál.
An chéad uair a chonaic

Mé le deich mbliana thú.
Rinne mé iontas de do mharóg.
Ba ghnách leat bheith bródúil
Ariamh as do cholainn sheang.

Anois, tá matán ina mharóg;
Do lámh ramhar ar bhrollach
Mná óige, do theanga dhearg
Go domhain ina béal.

Rinne mise le héalú
Ach d'éirigh tusa le hanáil
A tharraingt, thug spléachadh;
D'éirigh i do sheasamh

Agus scairt liom i nGaeilge bhriste
(Ar fearr í ná Béarla cliste!):
'A chara, a chara,
Cad é mar atá tú, a chara?'

Chroith muid lámha
Shuigh síos; chuir tú
An bhean ar shiúl ar lorg dí
Bhuail cluaisín cairdiúil orm

Agus dúirt i gcogar: 'Gearmánach
Í sin. Tá tatú d'fheileacán glas, bán

Agus uaine in aice lena gabhal aici.
Staraí í agus tá dúil as cuimse aici

I mo chuid scéaltaí cogaidh.'
Shonraigh mé an carbhat céanna
Ort a chaith tú ag Stormont,
Luaigh leat é

Agus d'éirigh d'aghaidh dorcha:
'A chara, tá muid díolta amach.
Tá muid díolta amach.
A chara, tá muid díolta amach.'

CABHÁNACH

Go fóill féin is oth liom aghaidh
A thabhairt orm féin go poiblí.
Níl fonn orm mo dhíth a aithint
Roimh ionraiceas m'athara—
É ar na daoraí liom mar a cheiliúraím
Polladh HMS Sheffield i gcogadh Las Malvinas:

'Is daoine iad, cosúil liomsa; cosúil leatsa.'

D'fhág mé na corpáin nocht bruite le gáir áthais.
Chuala mé ina dhiaidh sin gur maraíodh
Cabhánach ar bord na loinge sin. Fiafraím díom féin
Go minic cad é a thug ar Chabhánach dul le cabhlach
Ríoga na Breataine. An amhlaidh go raibh sé fiosrach
Fán fharraige, an fear seo ón Chabhán, tuath gan mhuir.

CÚRSAÍ PÁIPÉIR AGUS DÚIGH

Crom thar lámhscríbhinn éiríonn sé tostach
Agus é ag éisteacht le míniú focail atá greamaithe
De bharr a mhéir spuaicigh. Labhrann Aodh Ó Domhnaill
Go húdarásach agus mothaíonn MacAdam
Garbh-uaill na teilgcheárta ag imeacht uaidh;
Teas iarainn á bhá in íocshláinte an fhocail.
Tá ciall leis seo. Caitheann Ó Domhnaill eangach siollaí
Thar a mheon spíonta arís eile agus tarraingíonn chun báid é.

Bhlais mé de chuid inteacht den mhistéir chéanna:
Ó Direáin i gCumann Chluain Ard, Sráid na Sceiche,
          Bóthar na bhFál.
Bhí mé sna déaga láir agus d'éist le cúram imníoch
          an fhoghlaimeora
(bhí sé ar an chúrsa)—ach níor thuig canúint na mballaí
          cloiche thiar.
Bualadh bos ag a chríoch a bháigh trup na saighdiúirí coise
          amuigh,
Cathaoireacha adhmaid ag stríocadh an urláir, ag baint
          splancanna as aer
Sioctha agus tuigse iomasach gur den Fhearsaid na filí: cuisle
          faoi choincréid.
Tús de chineál inteacht.

TRIOC
do Mary

I

Vardrús a bhí de dhíth orainn
Agus thug muid aghaidh ó dheas
Ar úlloird Ard Mhacha agus chonaic
Na crainn tromlúbtha faoi chuisne an Fhómhair.

Shílfeá le hamharc orthu gur mhallacht
A cuireadh orthu nó stad siad den fhás
Gan a bheith mórán níos airde ná fear
Ard; shílfeá gur shocraigh

Na craobhacha as a stuaim féin
Diúltú don spéir agus sábháilteacht
An talaimh a lorg nó bhí na sciatháin
Adhmaid dualach faoi ualach

Na domhaintarraingte. B'fhéidir
Gur meadhrán a tháinig orthu
Nó b'fhéidir gur dúradh leo
Nach mbeadh siad choíche

Ina ndaracha; ina seiceamair
Agus chinn siad fanacht
Mar a bhí, leathchrannúil,
Leathfháilúil.

II

I Lóch gCál, baile beag néata,
D'aimsigh muid vardrús
I siopa seandachtaí
Cois cille

Agus ba é an smaoineamh
A rith liom: Cá mhéad óglach
A thit sa luíochán anseo?
Seachtar? Ochtar? Agus seanduine

Gan urchóid ag dul thar bráid.
An oíche ar tharla sin
Bhreathnaigh mé Platoon san ABC,
Pictiúrlann a leag lucht bulldozers

Roimh lucht na mbuamaí.
Tháinig sé chugam gan choinne
Gur i bhfad uaim in am, in áit,
In aois a bhí an ABC anois

Agus mé ar thóir vardrúis, trioc
Úr, do theach úr,
I Loch gCál, láthair slada,
Le mo chéile mná.

III

D'aithin bean an tsiopa
(Iar-chomhairleoir aontachtúil)
Ar do ghnúis thú—
In ainneoin do shéanta!

D'ainmnigh sé do mháthair,
D'athair, máistir na scoile,
D'uncail, an cuntasóir,
Agus ghealaigh muid faoin aitheantas

Thug éarlais di agus d'éalaigh
Ag breith linn (i ngan fhios dúinn)
Dhá chófra úra a bhí
Mar chuid den mhargadh.

Rinne muid gáire go raibh muid
Chomh soineanta inár ngnóithe
Nár mheas muid praghas an vardrúis
Bheith ró-ard. Dúirt tú:

'Róshaibhir atá muid.'
Ní fíor duit. Is minic, a stór,
Nach raibh an acmhainn
Againn a dhath a cheannach.

IV

An lá sin, thug muid cead ár gcinn
Dúinn féin, saoirse an sparáin,
Chaith muid linn agus ba é
An cheist ba phráinní

Ar an bhealach abhaile:
Cá gcuirfidh muid an trioc uilig?
An vardrús inár seomra féin.
An dá phíosa eile?

Cá mhéad seomra leapa eile
A bheas de dhíth orainn?
Ceann amháin?
Beirt?

PRÚNA

De réir an leabhair, tá tú chomh mór
Le péitseog anois. Ar ball, beidh tú ar mhéid
Seadóige. Tá tú ag fás agus ag aibiú
Mar thoradh ar chraobh. Ach is eol dom
Nuair a thiocfas tú go mbeidh do ghnúis
Ina leircín faoi sholas an chéad lae.
Mar sin féin, beidh fáilte romhat,
A phrúna bhig.

FADLÍNE

An fichidiú seachtain, seachtain na himní,
Seachtain an amhrais. An scan ar a dtugtar
'The normalcy scan'—spléachadh an stocaire
Fríd bhallaí na broinne le go bhfeice muid an bhfuil
Tú ag fás mar a ghuigh muid go bhfásfá.
Tá bagairt sa Bhéarla mhaol nach n-admhaíonn
Muid go poiblí; coinníonn muid rún againn féin
Cad is ciall le bheith normálta.

Mhothaigh tú ár súile seachtracha ort
Nó shnámh tú anonn is anall faoi raon
An scan agus rinne muid cuntas mear ciúin
Ar ghéaga: gach aon rud in ord is in eagar.
Tá muid leath bealaigh ann anois.
Tá an fhadlíne bainte amach againn triúr,
Inniu, Lá Coille.

AN DUINE TAOBH ISTIGH

I

Dhá mhí taobh istigh agus deir do mháthair liom
Go bhfuil do ghéaga á múnlú anois;
Nach fada go mbeidh méara ort
Súile beo i do cheann.
Beidh tú i do dhuine déanta;
Duine beag dár gcuid féin.
San Earrach a thiocfas tú.
Le cuidiú Dé, beidh deireadh leis an doineann
Fán am a dtabharfaidh muid abhaile thú.

II

Bhí oíche chorrach ag do mháthair.
Luigh mise múscailte, ag éisteacht
Lena hanálú trom agus shamhlaigh mé
Tusa, taobh istigh, i do shuí,
Muid triúr ceangailte le haon anáil amháin,
Muid triúr ag éisteacht le haon chluas amháin.

MIONGHÁIRE
do mo mhac, Ultán

Glórach i do phian ach balbh
I do thuigse uirthi, réabann
Racht eile casachtaigh ó do chliabh
Aníos; bailíonn smuga te ar chlár
Do theanga; caitheann tú amach é
Agus déanann miongháire buach
A nochtann gumaí bándearga,
Iad saor ó fhiacla crua na haoise,
Iad sleamhain faoi do thinneas.
Agus déanann tú miongháire arís.

CARRFHOLCADH

Toirneach cholgach ar an díon
Néalta cúir anuas na fuinneoga
Scuaba mar bhoilb ocracha ag cogaint
Ar chraiceann uisciúil an chairr.
An stopfaidh siad go deo?
Gáire athara: 'Ná bíodh imní ort,
Ní bháfar sinn.'

ORTHA
d'Aoife in aois a sé mhí

A Aoife, a iníon, maith dom an mhoill
As gan tabhairt faoin ortha seo go fóill.
Ort féin an locht: an mochéirí gan dúil;
An buidéal gortach; a fhuadaíonn clog
A chuireann poll i gclár ama an lae.
Tuigfidh tú amach anseo nach bhfuil
Sa mhéid sin ach míniú, ní leithscéal.
Ní dhéanfainn malartú ar an iomlán
Dá mbíodh mo bheo ag brath air.
Aoife, a iníon, seo mo ghuí athairiúil:
Go dté tú slán.

FAOI SCIAN

Tá mé ag teacht i dtaithí ar ghnó seo an athara:
An cúram faiteach; an t-imní grámhar, an déjà vu
Gan iarraidh a chartann mise siar go laetha m'óige.
An féidir gur athair mé? Níl mé ábalta mo dhóthain.

Tá siad ag bagairt sceana ort, a mhaicín, tá siad á rá
Go bhfuil feabht sna duáin agat. (Amhail is dá dtiocfadh
Leatsa bheith feabhtach.) Ach éist. Má thig am an ghátair,
Más gá dul faoi shuan is faoi scian, bíodh a fhios agat

Nach i d'aonar a bheidh tú. Beidh muid ag colbha na leapa
Leat, ag tabhairt aire duit, do threorú ar ais inár measc
Ó chodladh drugáilte. Agus cé nach bhfuil bua na cainte agat,
Deirim leat os ard: Is clann muid; ní scarfar sinn.

SOLAS OÍCHE

Lán gealaí lonrach os cionn chuan veilbhit
Na Gaillimhe: cúiteamh ar scaradh sealadach;
Deonú agus cur i gcuimhne go soilsíonn an ghrian
San oíche.